LES

 Assurances

ET LES

Officiers

ministériels

RÉPONSE

DES HUISSIERS DE L'ARRONDISSEMENT D'AVRANCHES

A UNE PLAINTE

de M. PELLETIER-DURAND, Agent Général du " PHÉNIX "

AVRANCHES

Imprimerie Nouvelle, 2, rue de Geôle, 2

1905

LES

 **Assurances**

ET LES

 **Officiers**

 **ministériels**

RÉPONSE
DES HUISSIERS DE L'ARRONDISSEMENT D'AVRANCHES
A UNE PLAINTE
de M. PELLETIER-DURAND, Agent Général du " PHÉNIX "

AVRANCHES
Imprimerie Nouvelle, 2, rue de Geôle, 2
—
1905

COPIE DE LA PLAINTE DE M. PELLETIER-DURAND

A Monsieur le Garde des Sceaux,
Ministre de la Justice, Paris.

Monsieur le Garde des Sceaux,

Nous avons le grand honneur de vous exposer :
Qu'ayant reçu la visite de plusieurs de nos clients
venus se plaindre très vivement auprès de nous, de
la pression exercée contre eux, afin de donner leurs
assurances d'immeubles, de mobilier, de marchan-
dises, à des huissiers, représentants publiquement
des Compagnies d'Assurances dans l'arrondissement
d'Avranches.

Nous croyons devoir prendre, très respectueuse-
ment, la liberté de vous signaler ces abus scanda-
leux.

La fonction d'Huissier cependant, est incompatible
légalement avec toute fonction publique salariée ainsi
qu'avec l'exercice de toute autre profession.

Ces Messieurs sont titulaires d'un privilège ; ils le
doivent, conserver intact.

Mes collègues et moi, patentés, ne nous expliquons
pas, l'injuste tolérance qui existe dans cet arrondis-
sement, alors que dans les autres circonscriptions,
l'interdiction est strictement observée, car ils ont été

mis en demeure, officiellement, d'opter entre leur office ministériel ou leur office privé d'assurances ou autre représentation commerciale.

Nous nous demandons donc pourquoi les Huissiers ci-après cumulent d'une manière illégale leur privilège, leur monopole, avec les fonctions publiques salariées de représentants d'Assurances.

Les plaques enseignes existent extérieurement sur leur étude :

MM. *SAUVAGET, Avranches,* Cie La France.

PRÉAUX, *Brecey,* Cie L'Union.

BERTHELOT, *Ducey,* Cie L'Aigle.

BOUGOURD, *Granville,* Société Suisse.

CORBIN, *La Haye-Pesnel,* Américaine, Equitable et Métropole.

FEUDÉ, *Saint-James,* Cie L'Union.

ROBERT, *Saint-James,* Mutuelle du Calvados.

GOUSSÉ, *Pontorson,* d°

GREFFIERS DE PAIX

QUENTIN, *Ducey,* La Caennaise.

LAISNÉ, *Granville,* Cie L'Urbaine.

BELLIARD, *Saint-James,* Cie Le Monde.

CHATAIGNEAU, *Sartilly,* Cie Le Patrimoine.

LE PETIT, *Villedieu,* Cie L'Urbaine.

Daignez agréer, nous vous prions, Monsieur le Garde des Sceaux, l'hommage de notre grand respect et de notre entier dévouement.

Pour le groupe des Agents d'Assurances
de l'arrondissement d'Avranches,

Signé : PELLETIER-DURAND,

Agent général d'Assurances,

Membre du Cercle Parisien de la Ligue Française de l'Enseignement

P. S. — Sous pli séparé, une annonce officielle de vente publique faite par Me SAUVAGET, Agent général de la Cie d'Assurances *La France.* P. D.

RÉPONSE

des

HUISSIERS DE L'ARRONDISSEMENT D'AVRANCHES

Le 4 août 1905, M. Pelletier-Durand, Agent général d'Assurances à Avranches, adressait à Monsieur le Garde des Sceaux
une plainte contre un certain nombre d'Huissiers de l'arrondissement d'Avranches, nommément désignés. Dans cette plainte
M. Pelletier-Durand signalait « *l'injuste tolérance* » qui leur
permettait de « *cumuler* d'une manière *illégale* leur privilège,
« leur monopole d'huissier avec les *fonctions publiques sala-*
« *riées de représentants d'assurances* ». Il ajoutait que les
Huissiers qu'il visait dans sa plainte exerçaient sur les assurés,
pour obtenir leurs contrats, une « *pression* » regrettable et il
demandait implicitement au moins que pour faire cesser ces
« *abus* » qu'il qualifiait de « *scandaleux* », les huissiers visés
fussent mis en demeure d'opter « entre leur Office Ministériel,
ou leur Office privé d'Assurances ou autre représentation
commerciale ».

Cette plainte était formulée par M. Pelletier-Durand « pour
le groupe des Agents d'Assurances d'Avranches ». Il n'est pas
inutile de remarquer tout d'abord que cette prise de qualité est
entièrement inexacte. Le groupe des Agents d'Assurances
d'Avranches n'a jamais chargé, à aucun moment, M. Pelletier-
Durand de faire une démarche quelconque en ce sens auprès
de Monsieur le Garde des Sceaux. La meilleure preuve en est,
d'une part, la protestation formulée à l'encontre de la plainte
par la majorité des Agents du groupe syndiqué, jointe à l'appui
de la présente et d'autre part la présence parmi les Huissiers
visés dans la plainte de deux d'entre eux au moins, Mes Sauvaget et Berthelot, qui font partie du syndicat ; ces officiers

ministériels n'ont connu la plainte de M. Pelletier-Durand que par la communication qu'en a faite à la Chambre des Huissiers Monsieur le Procureur de la République.

Il est donc acquis que M. Pelletier-Durand s'est octroyé de sa propre autorité un soi-disant mandat général que le groupe des Agents d'Assurances de l'arrondissement d'Avranches ne lui a jamais donné et que la plainte qu'il a adressée à Monsieur le Garde des Sceaux est essentiellement personnelle à son signataire ; M. Pelletier-Durand parle en son nom propre et non comme le porte-paroles d'intérêts associés.

La plainte de M. Pelletier-Durand appelle également une seconde observation. Si elle fait allusion à une « prétendue pression » exercée contre des assurés pour obtenir d'eux la réalisation de contrats, elle se garde bien d'indiquer quels sont ces faits de pression, dans quelle condition ils se sont produits, quels agents d'assurances s'en sont rendus coupables, quelles circonstances les rendraient répréhensibles. Il ne résulte même pas des termes de la plainte que cette « pression » ait été exercée par les Huissiers visés dans la plainte et à leur profit. M. Pelletier-Durand se contente de « *signaler des abus scandaleux* » qu'il n'indique même pas — et pour cause. Les Officiers Ministériels visés dans la plainte ne peuvent que protester énergiquement contre les termes employés par M. Pelletier-Durand et se réserver à discuter plus utilement les accusations de celui-ci quand il les aura précisées. En fait, ils prétendent avoir toujours gardé la stricte correction qui convient à leur caractère, leur honorabilité et leurs fonctions.

Mais la question dans les termes où elle se pose, a une portée plus haute et plus large. Les « *abus scandaleux* », si légèrement invoqués par M. Pelletier-Durand et formellement contestés par les Huissiers mis en cause, ne sont visiblement dans la plainte qu'un appoint, qu'un artifice de mots. Fussent-ils même établis qu'ils ne sauraient avoir d'autre effet, si les Huissiers avaient la faculté légale de représenter des Compagnies d'Assurances, que de les exposer à des mesures disciplinaires. Dans la réalité des choses c'est donc surtout, c'est uniquement ce droit de représentation que conteste M. Pelletier-Durand.

Or il est exact en fait que certains Huissiers et certains Greffiers de Paix ont accepté de représenter des Compagnies d'Assurances. Mais ils prétendent en avoir la faculté légale, le droit le plus absolu et ne manquer par cette représentation ni à leurs obligations professionnelles, ni aux exigences de la loi. Il leur est aisé de l'établir.

D'où pourrait provenir en effet cette incapacité. Quel texte, quels principes leur interdiraient ce genre d'occupations?

Il est certain tout d'abord que les incapacités sont de droit étroit et que les Huissiers peuvent remplir toute fonction que ne leur interdit pas la loi.

C'est maxime élémentaire de justice et d'équité. Il est universellement reconnu par la doctrine et la matière même qui nous occupe et formellement consacré par la jurisprudence. (Rousseau et Defert, *Code annoté des faillites et des banqueroutes*, art. 463 C. commerce n⁰ 9. — Dutruc, *Journal des Huissiers* T. 53 p. 80. — Rousseau-Laisné, *Dictionnaire de procédure* V⁰ huissier n⁰ 14. — Deffaux, Harel et Dutruc, *Encyclopédie des Huissiers*. Supp. V⁰ huissier, n⁰ˢ 215 et suiv. — *Rep. droit français* de Carpentier et Frèrejouan du Saint, T. 23, V⁰ huissier n⁰ 76. — Dalloz, *Répertoire* V⁰ huissier n⁰ 18 et V⁰ *Faillite* n⁰ 586. — Bordeaux 20 mars 1863. Sirey, 63, 2, 113).

La jurisprudence en tire entre autres conséquences ·les conclusions suivantes : 1⁰ que l'Huissier peut être Syndic de faillite ; Bordeaux 20 mars 1863 précité : 2⁰ qu'il peut être expert ou arbitre (Décision min. Justice d'août 1852.— Deffaux et Harel *loco citato* n⁰ 162 et supplément n⁰ 220) ; 3⁰ qu'il peut remplir les fonctions de Commissaire-Priseur dans les endroits qui n'en possèdent pas. (*Cass. civ. 26 mars 1889*. Dalloz, 90, 1, 110. — Dutruc, *Journal des Huissiers* T. 55 page 157) ; 4⁰ qu'il peut être porteur de contraintes (avis Conseil d'État 13 août 1841. Sirey 42, 2, 335) ; 5⁰ qu'ils peuvent être correspondants ou représentants d'une agence de renseignements et rechercher ou fournir en vue d'une affaire ou sans indication de but, *à titre onéreux*, des renseignements ayant trait à la solvabilité, à la moralité, ou à la capacité d'une personne commerçante ou non commerçante (Limoges 16 janvier 1861. Dalloz 61, 5, 258) ; 6⁰ il est interdit de rappeler longuement la liberté aujourd'hui reconnue aux Huissiers de procéder à des recouvrements ; 7⁰ un tribunal voisin, celui de Valognes, nommait tout récemment un Huissier comme liquidateur séquestre d'une congrégation dissoute.

Ainsi le privilège des huissiers ne leur interdit pas toute autre occupation. Il leur crée pour la signification des actes, pour la rédaction de certains actes extrajudiciaires, une situation de faveur ; il leur reconnaît si l'on veut un monopole, mais il ne signifie en aucune façon qu'ils doivent s'en tenir étroitement et uniquement à cette fonction. Et pour en exercer d'autres que la loi ne leur interdit pas, ils ne laissent pas que de « *conserver intact* » leur privilège. M. Pelletier-Durand fait donc une première confusion de mots quand il traduit « *privilège* » par « *interdiction d'exercer toute autre occupation.* »

Il en commet une seconde plus grave encore en invoquant comme cause d'interdiction « *l'incompatibilité légale de la profession d'huissier avec toute fonction publique salariée.* »

Il importe de s'arrêter à cette incompatibilité invoquée par M. Pelletier-Durand à l'appui de sa plainte : car il y revient à plusieurs reprises avec complaisance et **c'est la seule dont il tire argument**.

Pour M. Pelletier-Durand, « *la fonction de représentant d'assurances* » est une « *fonction publique salariée* » et c'est pourquoi elle est interdite aux Huissiers. (Décret portant règlement sur l'organisation et le service des Huissiers, du 14 juin 1813). Article 40 : « L'exercice du ministère d'Huissier est « incompatible avec toute autre fonction publique salariée ».

Il est facile de démontrer que le texte n'a nullement le sens que lui prête M. Pelletier-Durand. La « fonction publique salariée » dont parle le décret de 1813, n'est pas toute fonction mettant l'Huissier en rapport avec le public. L'expression a un sens infiniment plus précis : la fonction publique salariée, c'est celle qui « concourt d'une manière quelconque et dans « une sphère plus ou moins élevée à la gestion de la *chose* « *publique.* » Dalloz, Rep. Vº Fonctionnaire public, Nº 1 — ou pour parler comme M. Haurion (*Droit administratif*, page 305), « un service public que l'administrateur ou le fonc-« tionnaire a mission de gérer au *nom de la Puissance* « *publique.* » La fonction publique interdite par le décret de 1813 aux Huissiers, c'est une fonction sociale rétribuée : la loi ne s'occupe pas des fonctions ou des occupations pouvant mettre l'Huissier en rapport avec le public en vue *d'intérêts privés.*

Il ne peut y avoir sur cette interprétation le moindre doute. La jurisprudence.; la doctrine. les textes, les instructions du ministère de la Justice, ont toujours été unanimes sur ce point. Dans *tous les cas*, soit qu'ils reconnaissent, soit qu'ils ne reconnaissent pas l'existence d'une incompatibilité, ils donnent *toujours* aux mots « fonctions publiques salariées ». le sens ci-dessus indiqué.

Par exemple ils reconnaissent que l'huissier peut être maire, adjoint, conseiller municipal, membre d'un comité de bienfaisance ou d'un conseil de fabrique (décision garde des sceaux, du 13 octobre 1876), parce que ces fonctions sont gratuites ; mais ce sont des fonctions publiques au premier chef.

A l'inverse, ils défendent à l'Huissier d'être juge de paix ou suppléant de juge de paix (décret 6, 26 mars 1791, art. 1 et 2), notaire, avoué, greffier (Arrêté 6 prairial an x, Loi 25 Ventôse xi), percepteur, commissaire de police, etc., parce que ce sont des fonctions publiques, mais non gratuites. Ils lui permettent d'être receveur pour les hospices, car si ces fonctions sont salariées, elles ne sont pas publiques (*Journal Huissiers.* tome 17, page 211).

Il ne peut donc y avoir un moment d'hésitation. S'il existe dans la loi une interdiction quelconque pour l'Huissier de s'occuper d'Assurances, ce n'est certainement pas dans l'article 40 du décret de 1813, qu'il faut l'aller chercher. Le texte a un sens et une portée bien précis, tout différents de celui que leur prête M. Pelletier-Durand. Il est absolument inapplicable à l'espèce et **le seul argument** invoqué par l'exposant ne tient pas un instant. M. Pelletier-Durand s'est trompé sur la signification des mots « fonction publique salariée », il a pu le faire de bonne foi : mais il est certain qu'il s'est trompé.

Allons donc plus loin. L'incompatibilité n'existant pas dans le décret de 1813, peut-on la trouver ailleurs ?

Est-ce dans l'article 39 du décret ? « Les Huissiers sont tenus « de se renfermer dans *les bornes de leur ministère* sous les « peines portées dans l'article 132 du *Code de Procédure* « *civile.* »

Non encore, avec tout autant de certitude. Et cela pour deux raisons ;

1o Parce que la jurisprudence et la doctrine, nous l'avons vu tout à l'heure, reconnaissent le droit absolu pour l'Huissier d'occuper d'autres fonctions que celles résultant de leur rôle d'Huissier proprement dit. Ils peuvent être syndics de faillite, commissaires-priseurs, agents de renseignements, etc. ;

2o Parce que l'article 132 du Code de Procédure civile, auquel renvoie le texte, nous donne le sens précis des mots « excéder les bornes de leur ministère » employés dans le décret de 1813. Les deux textes s'appuient et s'éclairent réciproquement : ils interdisent à l'huissier, comme d'ailleurs à l'avoué, au tuteur, au curateur, à l'administrateur, d'une façon générale, d'excéder les limites de leur mandat, d'engager une procédure, par exemple, sans l'autorisation de leur client, d'empêcher dans leur intérêt personnel un arrangement entre plaideurs, de faire des poursuites longues et coûteuses pour le recouvrement d'une somme modique, même si cette procédure est en droit pur fondée, etc. En un mot, de sacrifier dans leur intérêt personnel l'intérêt de leur client, de leur pupille, de leur administré, etc. (*Codes annotés de procédure civile*, de Dalloz, de Sirey, de Tissier et d'Arras, sous l'article 132, Cod. proc. civ.).

L'article 39 du décret de 1813 n'a donc rien de commun avec notre espèce.

En dehors des deux textes **généraux** ci-dessus étudiés (article 39 et article 40 du décret de 1813), quelles incompatibilités, quelles interdictions trouvons nous dans les textes ?

Des interdictions *spéciales* assez nombreuses, comme celle de tenir auberge ou cabaret (art. 41 du décret de 1813), celle d'assister comme conseil et de représenter les parties devant les Tribunaux de commerce (loi 3 mars 1840, article 4), etc.

Aucun de ces textes ne vise même une situation analogue à celle qui nous occupe ici, et le ferait-il qu'il serait inapplicable par extension : les incapacités sont de droit étroit et ne peuvent être étendues d'un cas à l'autre.

Résumons le résultat de notre étude au point où nous en sommes arrivés :

1o L'Huissier a un privilège pour les actes de son ministère.

2o Ce privilège n'est pas en principes incompatible avec d'autres fonctions ou d'autres occupations *d'ordre privé salariées*.

3o Il n'est pas incompatible avec les fonctions *d'ordre public non salariées*.

4o Il est incompatible seulement avec les fonctions publiques salariées et certaines occupations spécialement visées par les lois ou règlements.

5o Les fonctions d'Agent d'Assurances sont par essence d'ordre privé, et aucun texte ni aucun règlement ne les interdit.

La conclusion s'en dégage d'elle-même ; tout ce qui n'est pas défendu est licite. Il l'est donc pour les Huissiers de s'occuper d'Assurances.

L'examen de la question pourrait donc s'arrêter *en droit strict* à ce point sans qu'il y ait rien de plus à y ajouter. Nous pouvons cependant aller plus loin encore et nous demander si en fait il n'y aurait pas utilité ou intérêt pour l'Officier Ministériel à s'abstenir d'une occupation en soi licite.

Nous ne le croyons pas. Car il n'y a rien, absolument rien qui, dans le concours donné par les Huissiers aux opérations d'une Compagnie d'Assurances, qui soit de nature ni à déconsidérer l'Officier Ministériel, ni à diminuer son indépendance, ni à le rendre plus négligent, moins actif, ou moins scrupuleux dans l'exercice de sa profession d'Huissier, ni à engager éventuellement sa responsabilité.

Le concours donné par l'Huissier à la Compagnie d'Assurances peut-il le déconsidérer ? Non évidemment ; le rôle d'assureur est en soi des plus honorables ; il peut s'exercer, et en fait il est exercé, par les Officiers Ministériels qui s'en occupent avec la plus rigoureuse correction. La surveillance de leur Chambre de discipline, celle des Parquets, leur propre intérêt n'en sont-ils pas les plus sûrs garants de leur délicatesse et de leur scrupuleuse honnêteté ? Le rôle d'Agent d'Assurances serait-il donc moins honorable que celui d'agent de renseignements commerciaux, que celui de syndic de faillite, que celui de commissaire-priseur, qu'ils ont le droit de remplir sans conteste ? Evidemment non.

Est-ce donc que la fonction diminuerait leur indépendance ? qu'elle les rendrait moins actifs ou plus négligents dans l'exercice de leur profession d'Huissier ? Mais l'ordre public et l'intérêt des justiciables sont ici en accord étroit avec les intérêts privés de l'Huissier et cela seul suffirait à garantir les premiers qu'ils seront entièrement satisfaits. L'Officier Ministériel a lui-même un intérêt matériel immédiat à ce que son office soit géré avec activité et diligence. S'il est négligent, il en sera lui-même la première victime. Et s'il était besoin d'autres garanties, est-il nécessaire de rappeler encore que les Officiers Ministériels sont sous la surveillance directe des Chambres de disciplines et des Parquets, que leur responsabilité d'Huissier est civilement engagée s'ils commettent des négligences ou des fautes dans l'exercice de leur mandat, qu'ils ne peuvent d'ailleurs pas refuser leur concours aux clients qui requièrent leur activité ? Où peut-on trouver une accumulation de garanties plus complète et plus sûre ? Le rôle d'Agent d'Assurances serait-il par hasard plus absorbant que celui de syndic de faillite par exemple, ou d'agent chargé de recouvrements pour une banque ou pour le fisc ? Non, encore.

La fonction d'Agent d'Assurances risque-t-elle d'engager sérieusement ou avec fréquence leur responsabilité ? Il suffit de voir ce qui se passe actuellement pour être rassuré sur ce point.

Sera-t-on tenté de dire que les Huissiers ne peuvent, sans manquer à leurs devoirs professionnels, concourir à une exploitation commerciale, parce qu'ils doivent, comme Agents d'Assurances, être réputés commerçants ?

La question actuelle est examinée dans l'*Encyclopédie des Huissiers* (V° huissier) et dans le *Journal des Huissiers* (tome 28, p. 305 — tome 35, p. 185) par des théoriciens dont la compétence et la haute autorité ne sont pas douteuses : MM. Deffaux, Harel et Dutruc. Chaque fois elle a reçu la même réponse favorables aux prétentions actuelles des Huissiers.

La première solution ne tranche pas directement le point de savoir si un Agent d'Assurances peut être considéré comme commerçant. Mais en supposant l'affirmative, elle pose en principe absolu que les Huissiers peuvent se livrer à des opérations de commerce et à participer à l'administration de sociétés commerciales ou industrielles. La règle posée d'une façon aussi générale surprend à première vue ; cependant, l'huissier qu'un Tribunal de Commerce nomme syndic de faillite, et cela se voit fréquemment dans des tribunaux du ressort de la Cour de Caen, à Honfleur par exemple, se livre à des occupations nettement commerciales. Et la jurisprudence ne discutent même plus le point de savoir s'il a le droit de le faire. Peut-on même comparer, au point de vue de la commercialité, la situation de l'Huissier syndic de faillite et celle, effacée en somme, de l'Huissier Agent d'Assurances.

Mais laissons même de côté cette question de commercialité ; admettons même que les Huissiers ne puissent de façon générale être commerçants. La solution n'entraînerait pas encore pour conséquence l'impossibilité pour les Huissiers d'être Agents d'Assurances, car l'Agent d'Assurances n'est *certainement pas commerçant*. Il paie patente, sans doute, mais ce fait ne prouve pas sa qualité de commerçant ; le médecin, l'avoué, l'avocat paient patentes, ce ne sont pas des commerçants. L'Agent d'Assurances n'est pas commerçant, parce qu'aux termes de l'article Ier du Code de Commerce : « Sont commerçants ceux qui exercent des actes de commerce et en font leur profession habituelle. » Il faut pour être commerçant accomplir des actes de commerce *en son nom* et pour *son propre compte.* Or, en admettant même que le fait de réaliser des Assurances ou celui de recouvrer des primes soit un acte de commerce — ce qui est très discutable — il est certain que l'Agent d'Assurances ne l'accomplit ni en son nom ni pour son propre compte. Il agit au nom et pour le compte de sa Compagnie dont il est le représentant ; en un mot, il agit comme un simple préposé. Et c'est si vrai, qu'il signe ses pièces d'Assurances comme fondé de pouvoirs, comme agent, en un mot, au nom et pour le compte de la Compagnie. Il n'est pas plus commerçant que le serait « *le représentant d'une maison de* « *commerce* ne faisant pas d'opérations commerciales pour « son compte personnel, ne contractant pas d'obligations *per-* « *sonnelles* et ne se livrant pas habituellement en son nom à « des actes de commerce. » (Cassation 5 avril 1898. Dall. 98. 1.265) ou encore que le serait le directeur d'une société anonyme. (Requête 16 mars 1898. Dall. 98. 1. 279) c'est-à-dire *qu'il ne serait nullement commerçant.* La solution n'est pas douteuse.

Dès lors, si l'Agent d'une Compagnie d'Assurances n'est pas commerçant, s'il ne contracte pas en son nom, s'il n'assume pas d'obligations personnelles de ce chef, s'il n'est qu'un préposé de la compagnie, l'unique objection qui pouvait s'élever contre la faculté réclamée par les Huissiers de remplir ces fonctions s'évanouit et aucune considération d'opportunité ne s'oppose plus à ce qu'il jouisse de cette faculté.

Il est à noter d'ailleurs que dans l'espèce deux au moins des Officiers Ministériels visés dans la plainte, MM es Robert et Goussé, représenteraient des Sociétés mutuelles ; or, les Sociétés mutuelles ne sont pas des sociétés commerciales ; elles ne font pas d'actes de commerce et leurs membres ou représentants ne sont pas commerçants. (Cass. 28 décembre 1886. Dall. 87. 1. 311 et références).

La « *tolérance* » dont jouissent les Officiers Ministériels du fait du cumul de leurs offices et de leurs fonctions d'Assureurs n'est donc rien moins que la reconnaissance d'un droit qui ne peut leur être contesté.

La Cour de Caen le proclame elle-même dans une espèce particulièrement intéressante, concernant les Greffiers de Paix.

La question de savoir si les Greffiers de Paix pouvaient adjoindre à leur Office de Greffier un cabinet d'affaires ou la gestion d'un portefeuille d'Assurances était d'une solution fort délicate. Où il pouvait y avoir encore un doute pour les Huissiers, il semblait bien que ce doute n'existât pas pour les Greffiers de Paix et qu'on dût être plus rigoureux pour les derniers que pour les autres, car les Huissiers ne sont en sommes que des collaborateurs nécessaires sans doute, mais des collaborateurs de la Justice, tandis que les Greffiers font partie intégrante des juridictions auxquelles ils sont attachés. Ils ne sont pas de simples Officiers Ministériels. Il sont *légalement membres* de la juridiction près de laquelle ils exercent leurs fonctions. On les considérait comme tels dans l'ancien droit. « Par la nature même de ses fonctions, dit la Cour de « Cassation, le Greffier est tellement lié à l'œuvre de la Justice « qu'il est un des *membres nécessaires du Tribunal.* » (Crim. Cass. 7 juillet 1881 et les renvois Dall. 81. 1. 441). Et dans un autre arrêt : « Les Greffiers dans la sphère de leurs attribu- « tions font *partie intégrante des cours et tribunaux* auprès « desquels ils exercent. » (Cass. Civ. 3 février 1892. Dall. 92. 1. 201). Il en est ainsi de tous les Greffiers devant toutes les juridictions, des Greffiers des Cours ou des Tribunaux comme de ceux des Justices de Paix ou même des juridictions excep- tionnelles comme les Conseils de guerre. « C'est là un principe « de droit public qui a *toute l'autorité d'un axiome*, dit « encore la Cour de cassation (arrêt de 1881 précité) et cette « règle admise *sans aucune espèce de contradiction*, pour les « juridictions ordinaires s'étend aux juridictions exception- « nelles par voie de conséquence forcée. » (cf. note sous Cour cassation 3 février 1892, précité. — *Rep. droit français* de Fuzier-Herman. V° Greffier, n°s 145 ss. *Dalloz rep.* V° Greffier, n° 32. *Suppl.* n° 83 et 84.

Les théoriciens avaient cru devoir en conclure entr'autres conséquences l'interdiction formelle pour les Greffiers de cumuler leurs fonctions de Greffier avec d'autres occupations publiques ou privées salariées et notamment l'interdiction pour eux d'accepter d'une façon habituelle et publique un mandat salarié ou un négoce (Dall. *Rep. loi cit.* — Millien, *Greffes et Greffiers de Paix*, V° Incompatibilité, n°s 8 et suiv. — *Encyclopédie des Huissiers*, par Deffaux, Harel et Dutruc. V° Greffier n° 9 et *Supplément* n° 46. — Perrin. *Essai sur les Greffes*, n°s 27 et 28. — Morin, *Dictionnaire de droit criminel*, V° Discipline, n° 90). On pourrait soutenir en effet que la qualité de Greffier de Paix était incompatible avec celle d'agent d'affaires, d'agent d'assurances, de clerc de notaire, et que la bonne administration de la justice, son indépendance et sa dignité étaient intéressés à ce que le Greffier se renfermât strictement dans l'exercice de ses fonctions.

Pourtant leur opinion est restée isolée, et la jurisprudence suivie dans son mouvement par les instructions du Ministère de la Justice n'a pas hésité un instant à élargir le cercle d'activité où les Greffiers de Paix étaient reconnus pouvoir se mouvoir légalement.

C'est en effet la loi elle-même ou des règlements qui ont fait sortir d'abord le Greffier du cercle étroit de ses attributions judiciaires, c'est la loi qui l'a autorisé à remplir certaines fonctions constitutives de *véritables mandats salariés*. C'est elle qui en a fait éventuellement un commissaire-priseur (ordonnance 26 juin 1816) qui lui a permis de procéder à des ventes publiques de meubles (loi 28 avril 1816) de faire, concurremment avec les notaires, les commissaires-priseurs et les huissiers les ventes publiques volontaires à termes ou au comptant, des ventes de fruits et récoltes ou de coupes de bois (loi 5 juin 1851) de se livrer pour le compte des parties à des opérations d'expertise volontaire (décisions ministérielles des 10 février 1828 et 12 août 1847), etc.

Dès lors que la concession était faite sur le terrain des principes, il devenait difficile, *sous peine d'arbitraire*, et en l'absence de règles écrites et formelles, en l'absence aussi de prohibitions formulées dans des textes, de défendre au Greffier l'exercice de tel mandat salarié, et de lui tolérer l'exercice de tel autre, de lui permettre par exemple de procéder à une vente publique de meubles, en lui interdisant d'être mandataire d'une partie devant un tribunal, de lui permettre d'être sequestre, ou administrateur d'immeubles litigieux, ou curateur de succession vacante en lui interdisant des actes habituels de gérant d'affaires.

Aussi les Tribunaux, à deux reprises différentes, ont-ils consacré en des termes formels le droit pour le Greffier de Paix de remplir certaines fonctions, au premier abord incompatibles avec leur qualité de membres d'un tribunal, *celles d'Agents d'Affaires* et *celles d'Agents d'Assurances,*

« Attendu, dit la cour de Besançon dans un arrêt du « 29 décembre 1875 (Dalloz 1877. 2. 123) que la chancellerie « n'a jamais interdit aux Greffiers de Paix de se livrer en « dehors de leurs fonctions à des travaux compatibles avec « elles et pouvant leur assurer une existence plus convenable ; « qu'il en est ainsi notamment des *mandats même salariés*

« qui leur seraient confiées par des Compagnies *d'Assurances*
« *ou autres, soit même par de simples particuliers* pourvu
« que ces mandats n'aient rien de contraire à leurs devoirs
« professionnels que si de tels agissements peuvent parfois
« offrir des inconvénients ou dégénérer en abus qu'il appartient
« à l'autorité supérieure de prévenir ou de réprimer, ils *n'ont*
« *en eux-mêmes rien d'illicite.* »

Et la cour de Caen dans son arrêt tout récent du 26 novembre 1895 (Dalloz 96. 2. 437) s'appropriant, après le Tribunal civil, la thèse de la cour de Besançon, proclame le droit pour un Greffier de Paix de céder son office moyennant un prix accepté par la Chancellerie, et en même temps par un acte séparé *le cabinet d'affaires* qu'il exploitait, reconnaissant qu'il est loisible à un Greffier de céder son office en gardant le cabinet d'affaires ou de céder le cabinet d'affaires en gardant l'office, ou encore de céder les deux choses pour deux prix distincts.

« Attendu, dit l'arrêt, que le cumul est le résultat d'une
« tolérance générale fondée sur la nécessité, parce que les béné-
« fices de leurs Greffes seraient insuffisants pour les faire vivre
« avec leurs familles ; que si un pareil système offre des
« inconvénients, il faut le prohiber ; *que tant qu'il ne sera pas*
« *défendu, il sera toujours loisible à un Greffier de Paix de*
« *céder son office en gardant son cabinet d'affaires ou de*
« *céder le cabinet d'affaires en cédant l'office ou encore de*
« *céder les deux choses pour deux prix distincts.* »

La Chancellerie avait devancé les Cours : dès l'année 1866, une instruction du Garde des Sceaux, du 14 décembre, avait reconnu aux Greffiers de Paix le droit de joindre à leurs fonctions celles d'Assurances. Cette instruction n'a pas été depuis cette-époque rapportée.

Ainsi le Greffier de Paix magistrat, membre d'un tribunal, soumis à des conditions de recrutement plus sévères, à des obligations plus étroites, occupant dans l'organisation judiciaire un rang hiérarchique supérieur à l'Huissier, aurait la faculté légalement reconnue et juridiquement consacrée de s'adonner à des mandats salariés, de créer ou de gérer agence d'affaires ou une agence d'Assurances, et l'Huissier ne le pourrait pas !

Et l'on créerait pour l'Huissier, en *l'absence de textes*, en *l'absence de principes ou de règles certains*, une incapacité qu'on a reconnue en jurisprudence pratique, pour ces raisons même inapplicables aux Greffiers. On sacrifierait chez l'un et on consacrerait chez les autres, arbitrairement, pour des raisons identiques, dans des conditions moins favorables même pour les Greffiers, des intérêts privés éminemment respectables ! La raison se refuse à l'admettre et il ne semble pas douteux que la Chancellerie animée d'un esprit de justice se refuse à le consacrer.

Car au nom de quoi lui demande-t-on de créer une inégalité aussi flagrante ? Est-ce au nom de l'ordre public, est-ce au nom de l'intérêt généréral, est-ce au moins dans l'intérêt de la fonction et de la dignité professionnelle ? En aucune façon : ni l'ordre public, ni l'intérêt général, ni l'intérêt ou la dignité professionnels ne sont en cause dans la circonstance. Il est indifférent à l'intérêt général que les contrats d'Assurances soient préparés ou passés par des Huissiers ou des Agents d'Assurances indépendants : les premiers valent bien les seconds et présentent autant qu'eux de garanties de dignité et d'honorabilité. Le public ne s'est jamais plaint que des contrats d'assurances aient été plus irréguliers ou aient eu moins de valeur parce qu'ils étaient négociés par l'intermédiaire d'Huissiers. Le public et les Tribunaux, les Parquets eux-mêmes, toujours attentifs à ce qu'intéresse la dignité et la bonne administration de la justice ne se sont jamais aperçus que les Huissiers aient été moins diligents ou moins soigneux dans l'accomplissement de toutes leurs obligations professionnelles, depuis qu'ils s'occupent d'assurances. Et dès lors, sous quel prétexte modifier cet état de choses depuis longtemps déjà constant, et qui a donné satisfaction à tous — sauf peut être à M. Pelletier-Durand. Car tout tient en cela et le principe en a été clairement posé par la jurisprudence ; les Huissiers comme les Greffiers peuvent faire tout ce qui n'est pas incompatible avec leurs obligations professionnelles ou qui ne leur est pas interdit par des textes formels, parce qu'ils le font en dehors de leurs fonctions propres d'Huissiers ou Greffiers, comme simples particuliers. La seule limite qui puisse y être apportée est celle qu'imposent le souci de l'ordre public, de l'intérêt général, de la dignité de l'Officier Ministériel, auxiliaire de la Justice. Nous espérons avoir démontré que ni les unes ni les autres de ces raisons ne peuvent être invoquées dans l'espèce, Et de fait, ce n'est pas des intérêts généraux ou supérieurs que se préoccupe M. Pelletier-Durand dans sa plainte, mais de *ses simples intérêts particuliers* qu'il estime contrariés par le

concours des Huissiers à des Compagnies rivales. Car il est piquant de remarquer que M. Pelletier-Durand a employé lui-même comme agent de sa Compagnie un des Officiers Ministériels contre lesquels il porte plainte aujourd'hui et qu'il n'a songé à trouver ce concours irrégulier que du moment où il a profité à un rival.

M. Pelletier-Durand fait donc appel à Monsieur le Garde des Sceaux, dans l'espoir de supprimer une concurrence *personnelle*, gênante peut-être pour lui, en tout cas licite. Monsieur le Garde des Sceaux n'entendra pas cet appel : son rôle et sa mission sont plus larges et plus hauts. Il estimera qu'il ne lui appartient pas de faire le départ entre des intérêts concurrents, d'ordre tout à fait matériel.

Et s'il était permis à la Chambre des Huissiers de reprendre discrètement les motifs de l'Arrêt de Caen de 1895, elle ajouterait :

Que s'il est quelque chose qui importe à la dignité de la Justice, c'est que ses auxiliaires et ses serviteurs puissent mener une existence décente et convenable en égard à leurs fonctions et à leur rang, que certains offices ne donnent pas à leurs titulaires des émoluments suffisants pour subvenir aux nécessités de la vie et que ceux-ci ont cru pouvoir, sans augmenter les frais qui pèsent sur les justiciables, comme sans nuire à leur honorabilité et à leur correction professionnelle, accroître leurs émoluments. Si bien que dans cette situation, la consécration ou la tolérance de l'état de choses actuel apparaît comme une sorte de nécessité pour l'Administration de la Justice, sauf bien entendu aux Parquets à faire des abus une répression convenable pour laquelle le concours des Chambres de discipline leur est d'avance acquis.

F.

Imprimerie Nouvelle, Avranches

www.ingramcontent.com/pod-product-compliance
Lightning Source LLC
Chambersburg PA
CBHW060717280326
41933CB00012B/2466